Impressum
Verlag: BABADADA GmbH, Nedderfeld 112 , 22529 Hamburg
Geschäftsführer / Verlagsleitung: Harald Hof
Druck: Books on Demand GmbH, In de Tarpen 42, 22848 Norderstedt

Imprint
Publisher: BABADADA GmbH, Nedderfeld 112 , 22529 Hamburg, Germany
Managing Director / Publishing direction: Harald Hof
Print: Books on Demand GmbH, In de Tarpen 42, 22848 Norderstedt, Germany

mokykla
skola

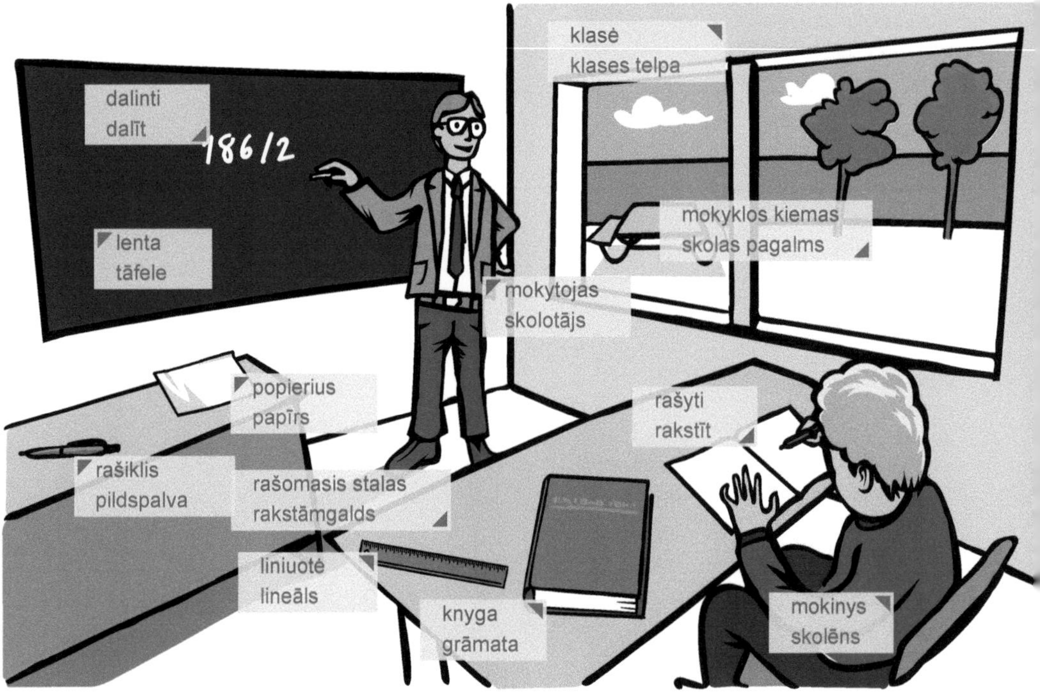

klasė
klases telpa
dalinti
dalīt
186/2
lenta
tāfele
mokyklos kiemas
skolas pagalms
mokytojas
skolotājs
popierius
papīrs
rašyti
rakstīt
rašiklis
pildspalva
rašomasis stalas
rakstāmgalds
liniuotė
lineāls
knyga
grāmata
mokinys
skolēns

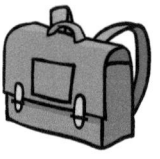

kuprinė

skolas soma

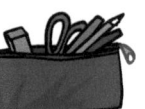

penalas

penālis

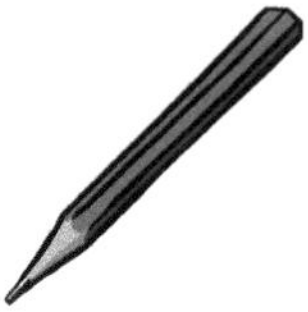

pieštukas

zīmulis

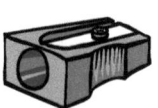

drožtukas

zīmuļu asināmais

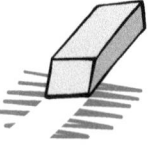

trintukas

dzēšgumija

piešimo bloknotas

zīmēšanas bloks

piešinys
zīmējums

teptukas
ota

dažų dėžutė
krāsas

žirklės
šķēres

klijai
līme

vadovėlis
darba burtnīca

namų darbai
mājas darbs

numeris
skaitlis

pridėti
saskaitīt

atimti
atņemt

dauginti
reizināt

skaičiuoti
rēķināt

raidė
burts

abėcėlė
alfabēts

žodis
vārds

tekstas

teksts

skaityti

lasīt

kreida

krīts

pamoka

mācību stunda

dienynas

žurnāls

egzaminas

eksāmens

pažymėjimas

liecība

mokyklinė uniforma

skolas forma

išsilavinimas

izglītība

enciklopedija

enciklopēdija

universitetas

universitāte

mikroskopas

mikroskops

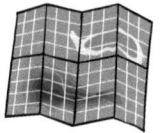

žemėlapis

karte

šiukšliadėžė

papīrgrozs

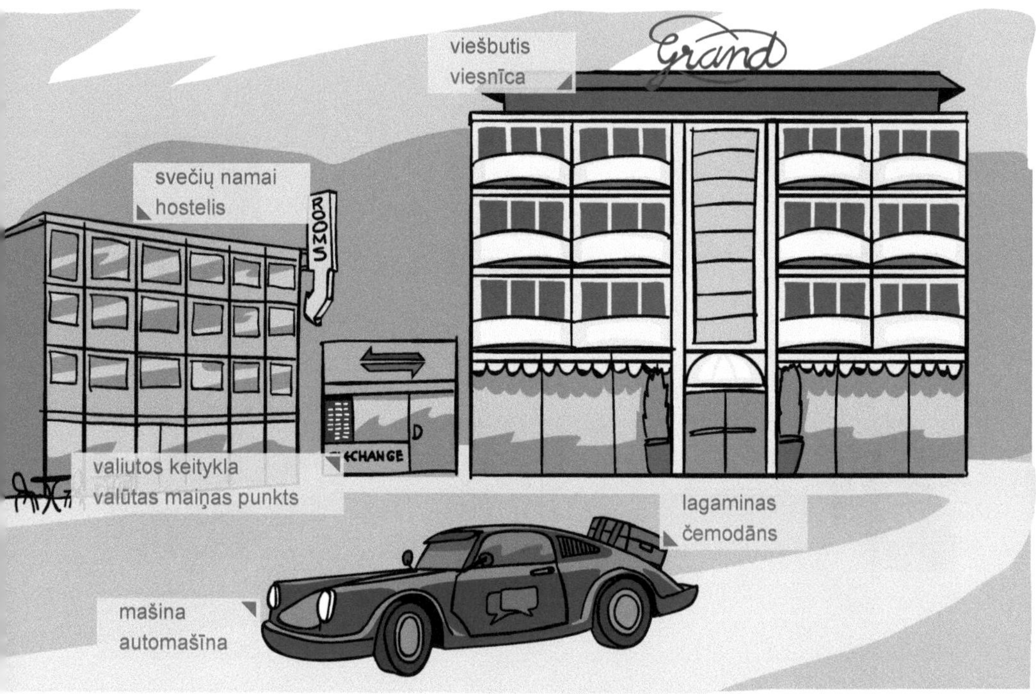
viešbutis
viesnīca
Grand
svečių namai
hostelis
ROOMS
valiutos keitykla
valūtas maiņas punkts
lagaminas
čemodāns
mašina
automašīna

kalba
Valoda

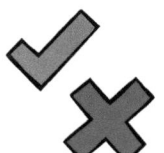

taip / ne
jā / nē

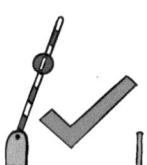

Gerai
Okay

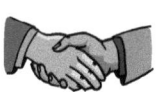

sveiki
Sveiki!

vertėjas raštu
tulks

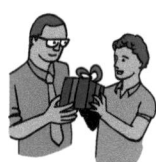

Ačiū
paldies

kiek kainuoja...?

Cik maksā…?

aš nesuprantu

Es nesaprotu

problema

problēma

Labas vakaras!

Labvakar!

Labas rytas!

Labrīt!

Labos nakties!

Ar labu nakti!

viso gero

Uz redzēšanos

kryptis

virziens

bagažas

bagāža

krepšys

soma

kuprinė

mugursoma

svečias

viesis

kambarys

istaba

miegmaišis

guļammaiss

palapinė

telts

turizmo informacija

tūrisma informācija

paplūdimys

pludmale

kreditinė kortelė

kredītkarte

pusryčiai

brokastis

pietūs

pusdienas

vakarienė

vakariņas

bilietas

biļete

liftas

lifts

pašto ženklas

pastmarka

siena

robeža

muitinė

muita

ambasada

vēstniecība

viza

vīza

pasas

pase

transportas
transports

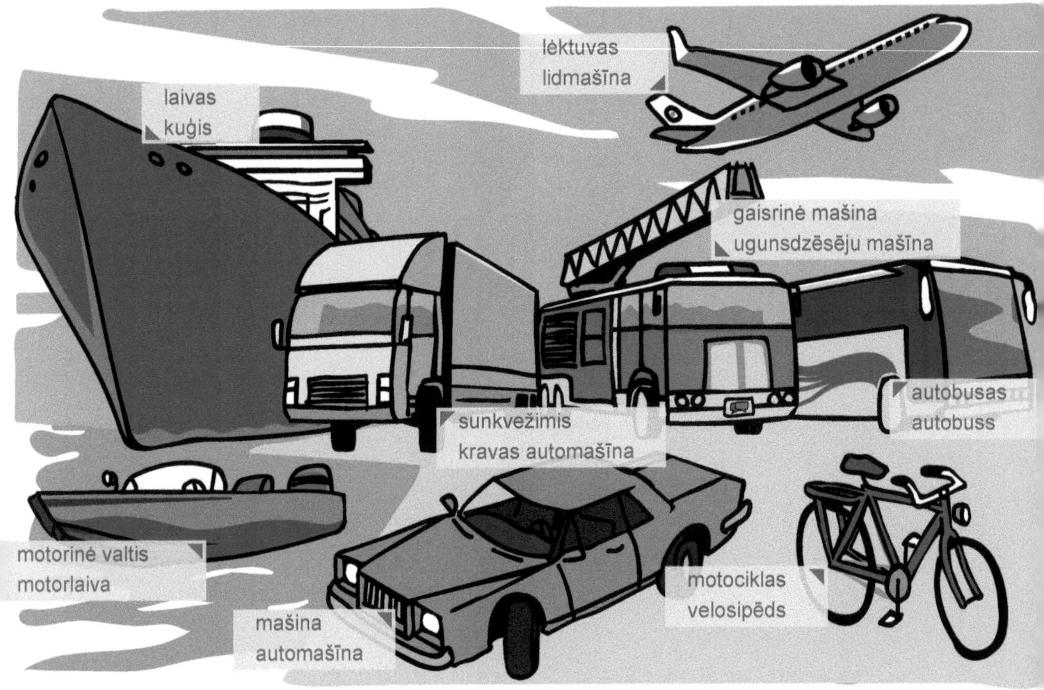
lėktuvas
lidmašīna
laivas
kuģis
gaisrinė mašina
ugunsdzēsēju mašīna
autobusas
autobuss
sunkvežimis
kravas automašīna
motorinė valtis
motorlaiva
motociklas
velosipēds
mašina
automašīna

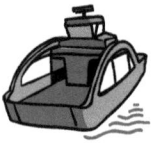

keltas

prāmis

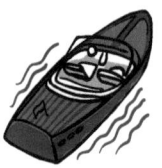

valtis

laiva

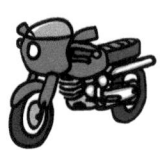

mopedas

motocikls

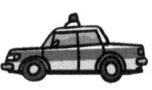

policijos automobilis

policijas automašīna

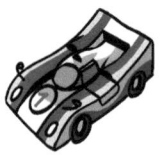

lenktyninis automobilis

sacīkšu automobilis

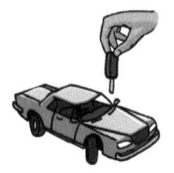

nuomojamas automobilis

nomas auto

bendras automobilio
naudojimas
....
auto koplietošana

techninės pagalbos
automobilis
....
evakuators

šiukšliavežė
....
atkritumu mašīna

variklis
....
dzinējs

degalai
....
benzīns

degalinė
....
degvielas uzpildes stacija

kelio ženklas
....
ceļa zīme

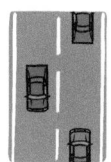

eismas
....
satiksme

eismo spūstis
....
sastrēgums

mašinų stovėjimo aikštelė
....
stāvvieta

traukinių stotis
....
dzelzceļa stacija

bėgiai
....
sliedes

traukinys
....
vilciens

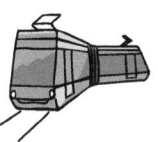

tramvajus
....
tramvajs

vagonas
....
vagons

sraigtasparnis

helikopters

oro uostas

lidosta

bokštas

tornis

keleivis

pasažieris

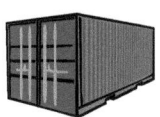

konteineris

konteiners

dėžė

kaste

vežimėlis

ratiņi

krepšys

grozs

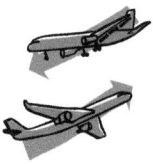

pakilti / nusileisti

pacelties / nosēsties

miestas

pilsēta

kaimas

ciems

miesto centras

pilsētas centrs

namas

māja

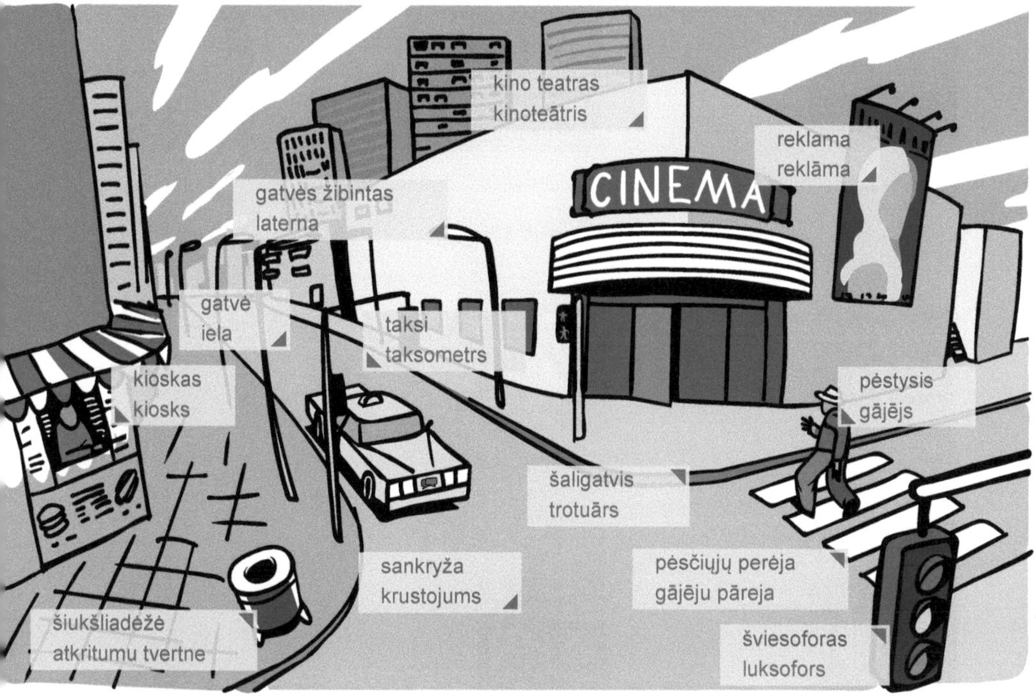

kino teatras
kinoteātris

reklama
reklāma

gatvės žibintas
laterna

CINEMA

gatvė
iela

taksi
taksometrs

pėstysis
gājējs

kioskas
kiosks

šaligatvis
trotuārs

sankryža
krustojums

pėsčiųjų perėja
gājēju pāreja

šiukšliadėžė
atkritumu tvertne

šviesoforas
luksofors

trobelė

būda

butas

dzīvoklis

traukinių stotis

dzelzceļa stacija

rotušė

rātsnams

muziejus

muzejs

mokykla

skola

universitetas

universitāte

bankas

banka

ligoninė

slimnīca

viešbutis

viesnīca

vaistinė

aptieka

biuras

birojs

knygynas

grāmatnīca

parduotuvė

veikals

gėlių parduotuvė

ziedu veikals

prekybos centras

lielveikals

turgus

tirgus

universalinė parduotuvė

tirdzniecības centrs

žuvies parduotuvė

zivju tirgotājs

prekybos centras

tirdzniecības centrs

uostas

osta

parkas

parks

suoliukas

sols

tiltas

tilts

laiptai

kāpnes

metro

metro

tunelis

tunelis

autobusų stotelė

autobusa pieturvieta

baras

bārs

restoranas

restorāns

lauko pašto dėžutė

pastkastīte

kelio ženklas

ielas nosaukuma plāksne

parkomatas

stāvlaika skaitītājs

zoologijos sodas

zooloģiskais dārzs

baseinas

peldbaseins

mečetė

mošeja

ūkininko ūkis

zemnieku saimniecība

tarša

vides piesārņojums

kapinės

kapsēta

bažnyčia

baznīca

žaidimų aikštelė

spēļu laukums

šventykla

templis

kraštovaizdis
ainava

lapas
lapa

kelio rodyklė
ceļrādis

kelias
ceļš

pieva
pļava

akmuo
akmens

medis
koks

ėjikas
ceļotājs

upė
upe

žolė
zāle

gėlė
puķe

slėnis
ieleja

kalva
kalns

ežeras
ezers

miškas
mežs

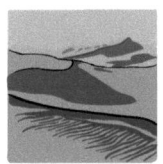

dykuma
tuksnesis

ugnikalnis
vulkāns

pilis
pils

vaivorykštė
varavīksne

grybas
sēne

palmė
palma

uodas
moskīts

musė
muša

skruzdėlė
skudra

bitė
bite

voras
zirneklis

vabalas

vabole

varlė

varde

voverė

vāvere

ežys

ezis

kiškis

zaķis

pelėda

pūce

paukštis

putns

gulbė

gulbis

šernas

meža cūka

elnias

briedis

briedis

alnis

užtvanka

aizsprosts

vėjo jėgainė

vėja ģenerators

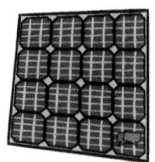

saulės baterija

saules baterija

klimatas

klimats

kraštovaizdis - ainava

padavėjas
viesmīlis

meniu
ēdienkarte

kėdė
krėsls

sriuba
zupa

pica
pica

stalo įrankiai
galda piederumi

staltiesė
galdauts

užkandis
·············
uzkoda

pagrindinis patiekalas
·············
pamatēdiens

desertas
·············
deserts

gėrimai
·············
dzērieni

maistas
·············
ēdiens

butelis
·············
pudele

greitai pateikiamas maistas

ātrās uzkodas

gatvės maistas

ielu uzkodas

arbatinukas

tējkanna

cukrinė

cukurtrauks

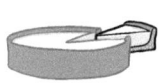

porcija

porcija

espreso aparatas

espresso kafijas automāts

aukšta kėdė

bāra krēsls

sąskaita

rēķins

padėklas

paplāte

peilis

nazis

šakutė

dakša

šaukštas

karote

arbatinis šaukštelis

tējkarote

servetėlė

salvete

stiklinė

glāze

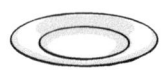

lėkštė
šķīvis

sriubos lėkštė
zupas šķīvis

padėklas
apakštase

padažas
mērce

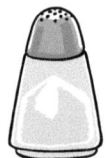

druskinė
sāls trauciņš

pipirų malūnėlis
piparu dzirnaviņas

actas
etiķis

aliejus
eļļa

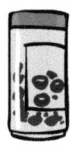

prieskoniai
garšvielas

kečupas
kečups

garstyčios
sinepes

majonezas
majonēze

prekybos centras
lielveikals

specialus pasiūlymas
piedāvājums
FOR
pirkėjas
klients
pieno produktai
piena produkti
vaisiai
augļi
troleibusas
iepirkumu ratiņi

BUTCHERS

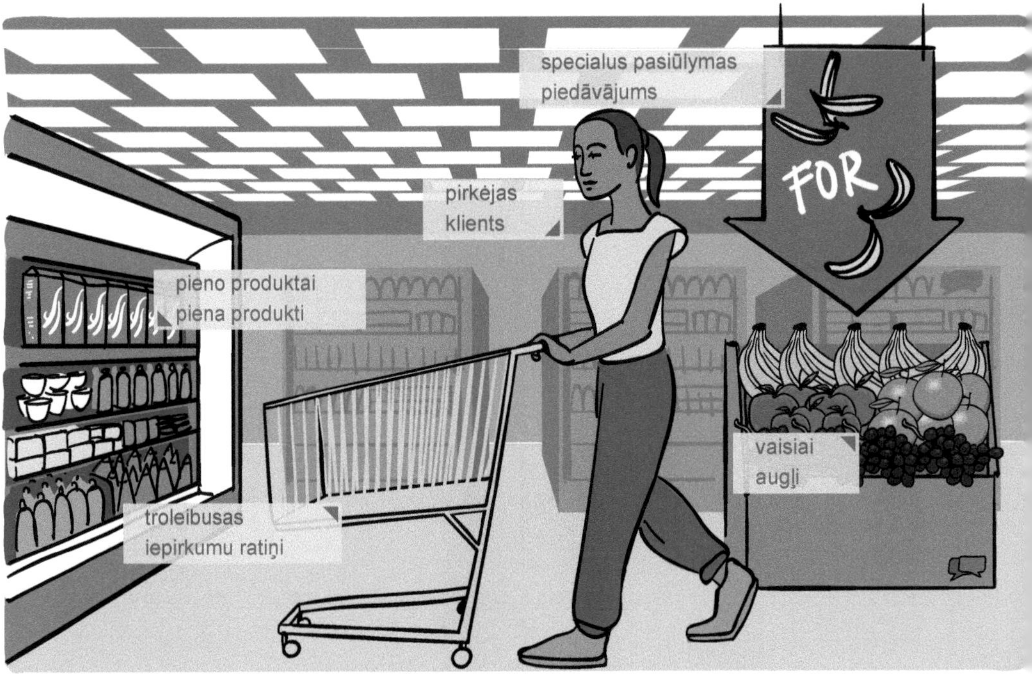

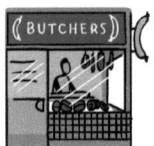

mėsos parduotuvė

kautuve

BAKERY

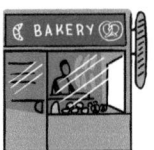

kepykla

maizes veikals

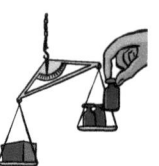

sverti

svērt

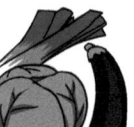

daržovės

dārzeņi

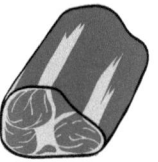

mėsa

gaļa

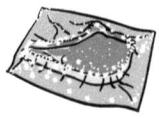

šaldytas maistas

saldēti produkti

šalti mėsos užkandžiai

aukstās gaļas uzkodas

konservai

konservi

skalbimo milteliai

pulveris

saldumynai

saldumi

ūkinės prekės

mājsaimniecības preces

valymo priemonės

tīrīšanas līdzeklis

pardavėja

pārdevēja

kasos aparatas

kase

kasininkas

kasieris

pirkinių sąrašas

iepirkumu saraksts

darbo valandos

darba laiks

piniginė

maks

kreditinė kortelė

kredītkarte

maišelis

soma

plastikinis maišelis

maisiņš

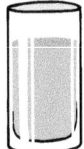

vanduo

ūdens

sultys

sula

pienas

piens

kola

kola

vynas

vīns

alus

alus

alkoholis

alkohols

kakava

kakao

arbata

tēja

kava

kafija

espresas

espresso

kapučinas

kapučīno

bananas
....
banāns

obuolys
....
ābols

apelsinas
....
apelsīns

arbūzas
....
melone

citrina
....
citrons

morka
....
burkāns

česnakas
....
ķiploks

bambukas
....
bambuss

svogūnas
....
sīpols

grybas
....
sēne

riešutai
....
rieksti

makaronai
....
makaroni

spagečiai
spageti

ryžiai
rīsi

salotos
salāti

traškučiai
frī kartupeļi

keptos bulvės
cepti kartupeļi

pica
pica

mėsainis
hamburgers

sumuštinis
sviestmaize

pjausnys
šnicele

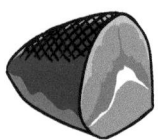

kumpis
šķiņķis

saliamis
salami

dešrelė
desa

vištiena
vista

kepsnys
cepetis

žuvis
zivs

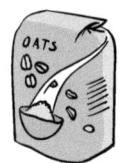

avižų dribsniai

auzu pārslas

dribsniai su priedais

muslis

kukurūzų dribsniai

brokastu pārslas

miltai

milti

prancūziškasis ragelis

radziņš

bandelė

brokastu maizītes

duona

maize

skrebutis

tostermaize

sausainiai

cepumi

sviestas

sviests

varškė

biezpiens

tortas

kūka

kiaušinis

ola

kiaušinienė

cepta ola

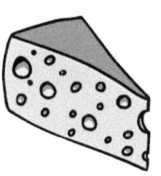

sūris

siers

ledai
saldējums

cukrus
cukurs

medus
medus

uogienė
marmelāde

tepamas šokoladas
riekstu krēms

karis
karijs

ūkininko ūkis

zemnieku saimniecība

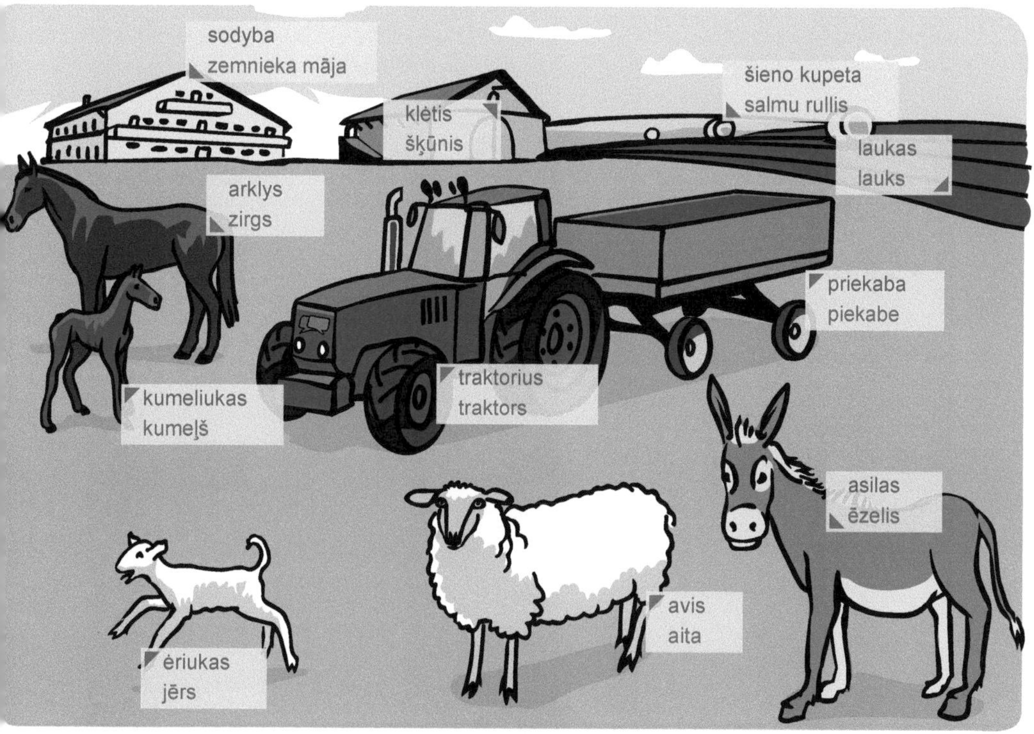
sodyba
zemnieka māja
klėtis
šķūnis
šieno kupeta
salmu rullis
laukas
lauks
arklys
zirgs
priekaba
piekabe
traktorius
traktors
kumeliukas
kumeļš
asilas
ēzelis
avis
aita
ėriukas
jērs

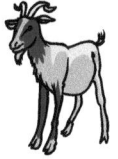

ožys

kaza

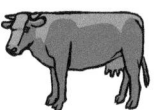

karvė

govs

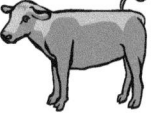

veršis

teļš

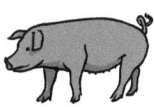

kiaulė

cūka

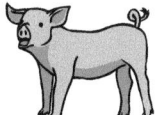

paršelis

sivēns

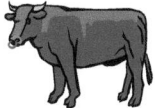

bulius

bullis

žąsis

zoss

antis

pīle

viščiukas

cālis

višta

vista

gaidys

gailis

žiurkė

žurka

katė

kaķis

pelė

pele

jautis

vērsis

šuo

suns

šuns būda

suņa būda

sodo namas

dārza šļūtene

laistytuvas

lejkanna

dalgis

izkapts

plūgas

arkls

pjautuvas

sirpis

kauptukas

kaplis

šakės

mēslu dakša

kirvis

cirvis

statinė

ķerra

lovys

sile

bidonas

piena kanna

maišas

maiss

tvora

žogs

arklidė

kūts

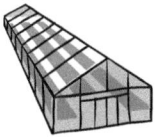

šiltnamis

siltumnīca

dirva

augsne

sėkla

sēklas

trąšos

mēslojums

kombainas

kombains

rinkti

novākt ražu

derlius

raža

saldžiosios bulvės

jamss

kviečiai

kvieši

soja

soja

bulvė

kartupelis

kukurūzai

kukurūza

rapsai

rapsis

vaismedis

augļu koks

manijokas

manioka

grūdai

labība

namas
māja

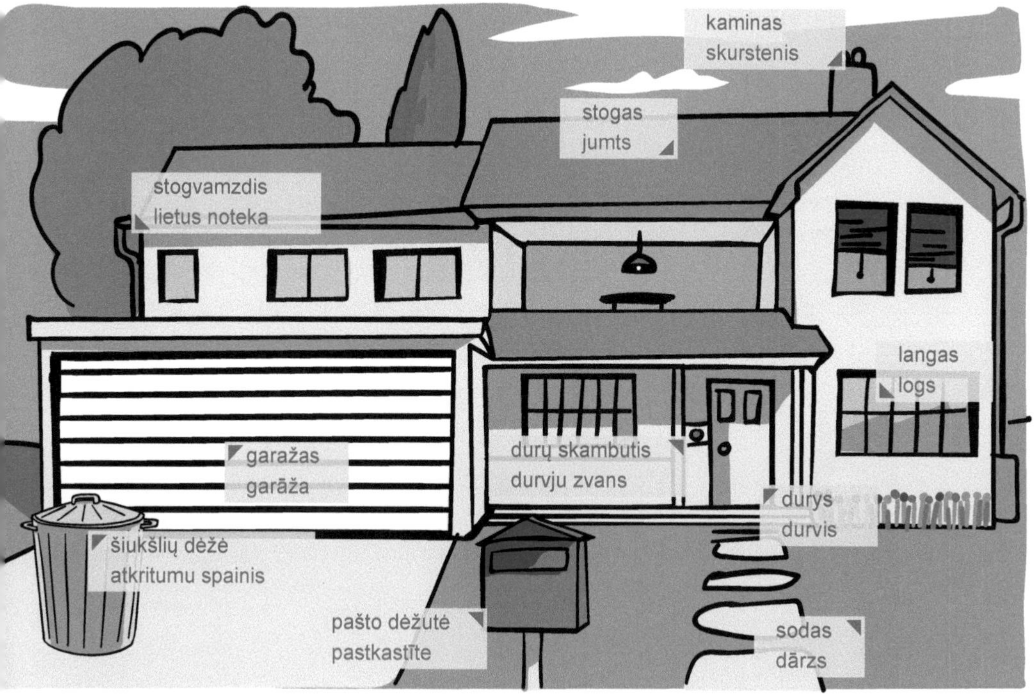
kaminas
skurstenis
stogas
jumts
stogvamzdis
lietus noteka
langas
logs
garažas
garāža
durų skambutis
durvju zvans
durys
durvis
šiukšlių dėžė
atkritumu spainis
pašto dėžutė
pastkastīte
sodas
dārzs

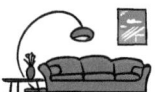

svetainė
viesistaba

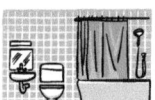

vonios kambarys
vannas istaba

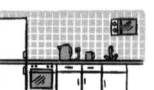

virtuvė
virtuve

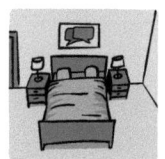

miegamasis
guļamistaba

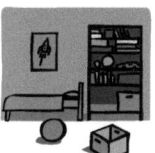

vaiko kambarys
bērnu istaba

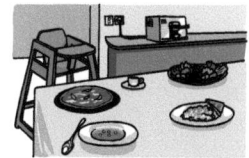

valgomasis
ēdamistaba

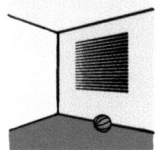

grindys

grīda

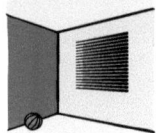

siena

siena

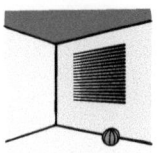

lubos

griesti

rūsys

pagrabs

sauna

sauna

balkonas

balkons

terasa

terase

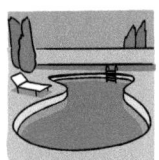

baseinas

baseins

žoliapjovė

zāles pļāvējs

paklodė

gultas veļa

lovatiesė

sega

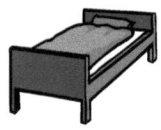

lova

gulta

šluota

slota

kibiras

spainis

jungiklis

slēdzis

svetainė
viesistaba

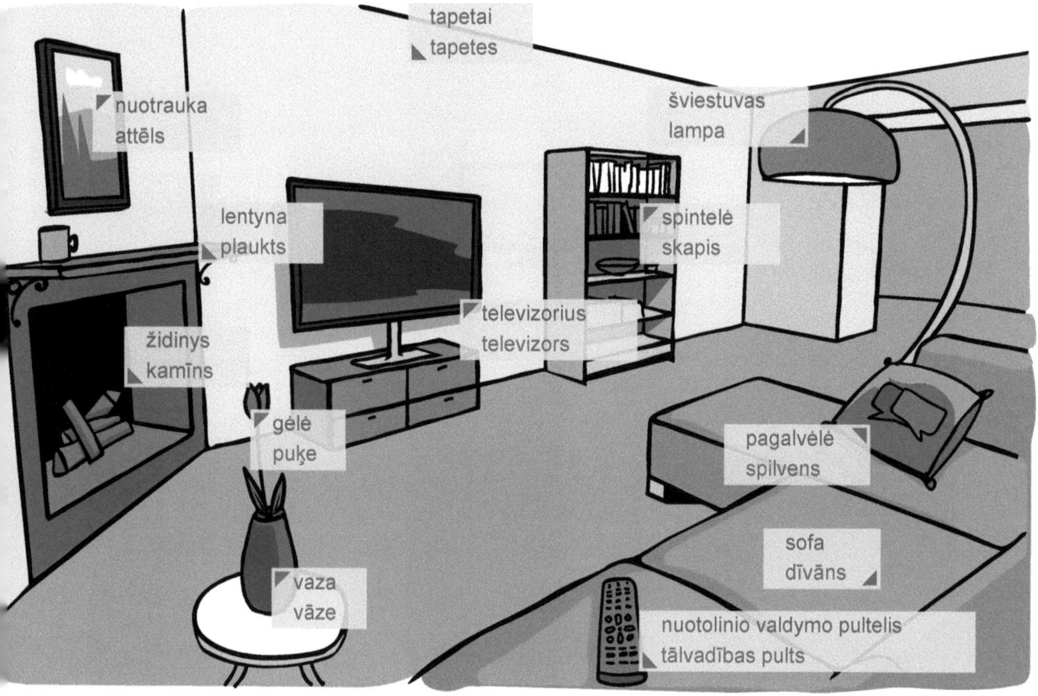
tapetai
tapetes
nuotrauka
attēls
šviestuvas
lampa
lentyna
plaukts
spintelė
skapis
televizorius
televizors
židinys
kamīns
gėlė
puķe
pagalvėlė
spilvens
sofa
dīvāns
vaza
vāze
nuotolinio valdymo pultelis
tālvadības pults

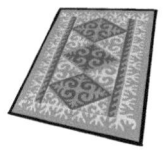

kilimas

paklājs

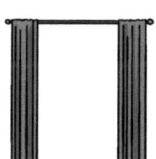

užuolaida

aizkars

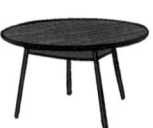

stalas

galds

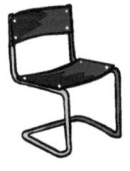

kėdė

krēsls

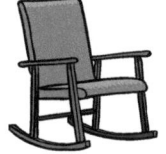

supamasis krėslas

šūpuļkrēsls

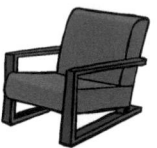

fotelis

atpūtas krēsls

knyga
grāmata

antklodė
sega

papuošimai
dekorācija

malkos
malka

filmas
filma

stereo aparatūra
mūzikas centrs

raktas
atslēga

laikraštis
avīze

paveikslas
glezna

plakatas
plakāts

radijas
radio

užrašų knygelė
pierakstu blociņš

dulkių siurblys
putekļu sūcējs

kaktusas
kaktuss

žvakė
svece

virtuvė
virtuve

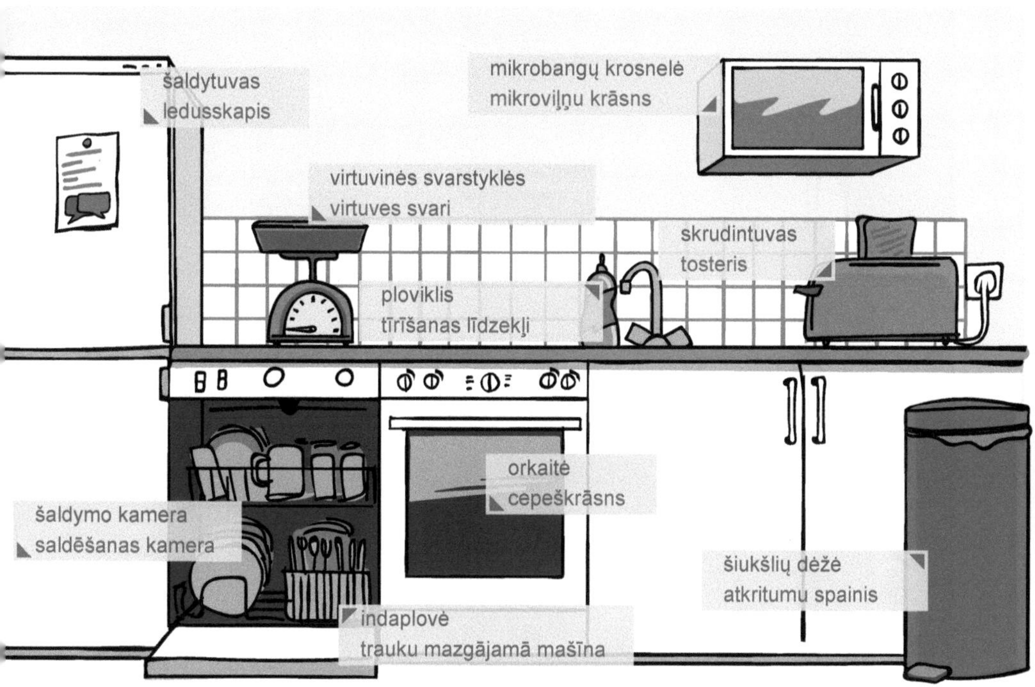
šaldytuvas
ledusskapis
mikrobangų krosnelė
mikroviļņu krāsns
virtuvinės svarstyklės
virtuves svari
skrudintuvas
tosteris
ploviklis
tīrīšanas līdzekļi
orkaitė
cepeškrāsns
šaldymo kamera
saldēšanas kamera
šiukšlių dėžė
atkritumu spainis
indaplovė
trauku mazgājamā mašīna

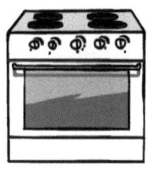

viryklė

plīts

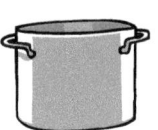

puodas

pods

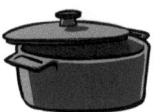

ketaus puodas

katls

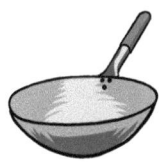

„wok“ keptuvė

Wok panna

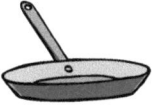

keptuvė

panna

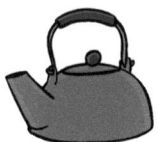

virdulys

elektriskā tējkanna

garų puodas

tvaika katls

kepimo skarda

cepešpanna

porceliano indai

trauki

puodelis

krūze

dubuo

bļoda

valgomosios lazdelės

irbulīši

samtis

kauss

mentelė

lāpstiņa

plaktuvas

putošanas slotiņa

koštuvas

sietiņš

sietas

siets

trintuvė

rīve

grūstuvė

piesta

kepsninė

grilēt

atvira liepsna

atklāts pavards

pjaustymo lentelė
....
dėlis

kočėlas
....
mīklas rullis

kamščiatraukis
....
korķu viļķis

skardinė
....
bundža

skardinių atidarytuvas
....
konservu nazis

puodkėlė
....
virtuves cimdi

kriauklė
....
izlietne

šepetys
....
birste

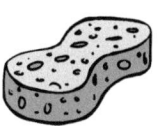

kempinė
....
sūklis

trintuvas
....
mikseris

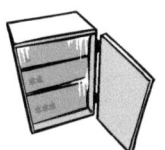

šaldiklis
....
saldētava

kūdikių buteliukas
....
bērna pudelīte

čiaupas
....
ūdenskrāns

vonios kambarys
vannas istaba

dušas
duša
šildymas
apkure
rankšluostis
dvielis
dušo užuolaidos
dušas aizkari
vonios putos
vannas putas
vonia
vanna
stiklinė
glāze
skalbimo mašina
veļas mašīna
čiaupas
ūdenskrāns
plytelės
flīzes
naktinis puodukas
podiņš
kriauklė
izlietne

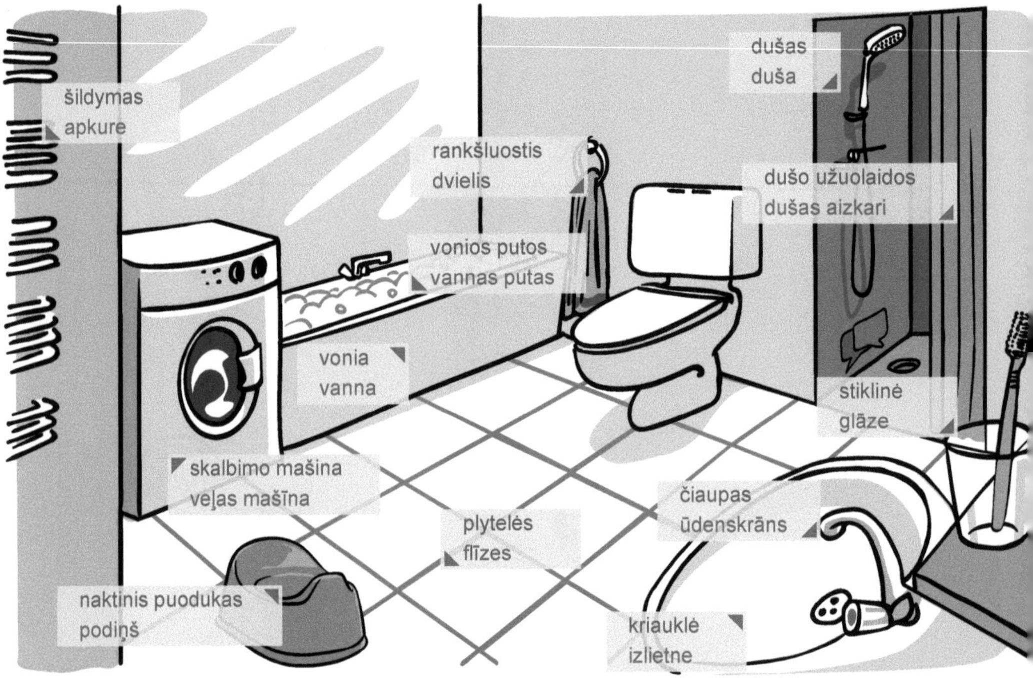

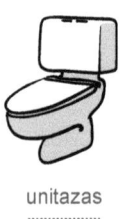

unitazas
....
tualetes pods

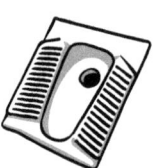

tupimasis unitazas
....
Āzijas tipa tualete

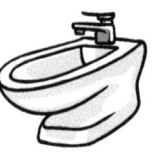

bidė
....
bidē

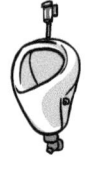

pisuaras
....
pisuārs

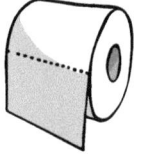

tualetinis popierius
....
tualetes papīs

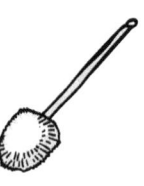

unitazo šepetys
....
tualetes birste

dantų šepetėlis

zobu birste

dantų pasta

zobu pasta

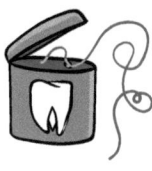

dantų siūlas

zobu diegs

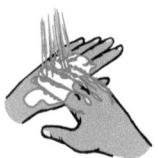

plauti

mazgāt

dušo galvutė

rokas duša

higieninis dušas

duša

praustuvas

bļoda

nugaros plaušinė

muguras mazgāšanas birste

muilas

ziepes

dušo želė

dušas želeja

šampūnas

šampūns

plaušinė

mazgāšanas drāna

kanalizacija

noteka

kremas

krēms

dezodorantas

dezodorants

veidrodis
....
spogulis

veidrodėlis
....
spogulītis

skustuvas
....
skuveklis

skutimosi putos
....
skūšanās putas

losjonas po skutimosi
....
losjons pēc skūšanās

šukos
....
ķemme

šepetys
....
matu suka

plaukų džiovintuvas
....
matu fēns

plaukų lakas
....
matu laka

makiažas
....
grima komplekts

lūpdažis
....
lūpu krāsa

nagų lakas
....
nagulaka

vata
....
vate

žirklutės nagams
....
šķērītes

kvepalai
....
smaržas

maišelis skalbiniams

kosmētikas maks

taburetė

ķeblītis

svarstyklės

svari

chalatas

halāts

guminės pirštinės

tīrīšanas cimdi

tamponas

tampons

higieninis įklotas

pakete

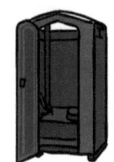

biotualetas

ķīmiskā tualete

vaiko kambarys
bērnu istaba

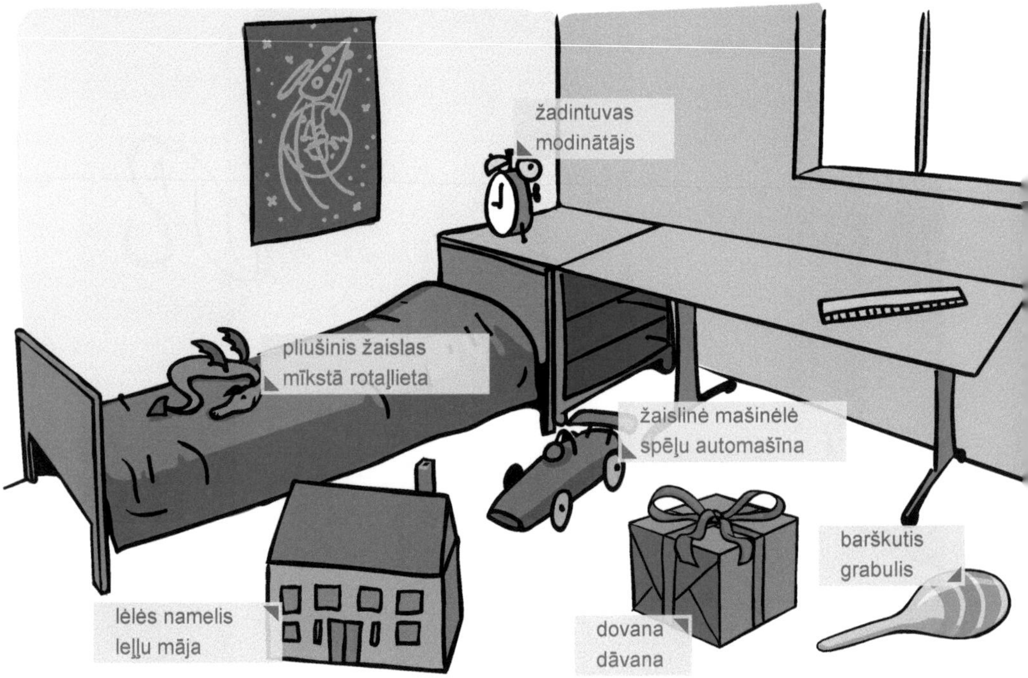
žadintuvas
modinātājs
pliušinis žaislas
mīkstā rotaļlieta
žaislinė mašinėlė
spēļu automašīna
barškutis
grabulis
lėlės namelis
leļļu māja
dovana
dāvana

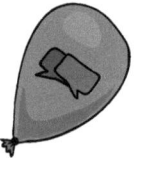

balionas

balons

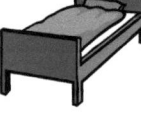

lova

gulta

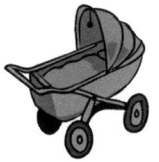

vaikiškas vežimėlis

bērnu ratiņi

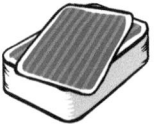

kortų malka

kārtis

delionė

puzle

SUPER
MEGA

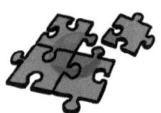

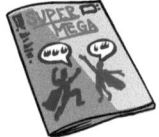

komiksai

komikss

lego kaladėlės

LEGO klucīši

žaislinės kaladėlės

klucīši

figūrėlė

varoņu figūra

šliaužtinukai

rāpulītis

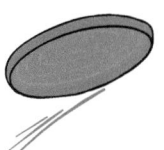

mėtymo lėkštė

lidojošais šķīvītis

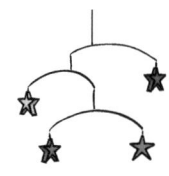

karuselė

muzikālais karuselis

stalo žaidimas

galda spēle

kauliukai

metamais kauliņš

žaislinis traukinys

rotaļu dzelzceļš

žindukas

māneklis

vakarėlis

ballīte

paveiksliukų knygelė

bilžu grāmata

kamuolys

bumba

lėlė

lelle

žaisti

spēlēt

smėlio dėžė

smilšu kaste

sūpynės

šūpoles

žaislai

rotaļlietas

žaidimų konsolė

spėļu konsole

triratukas

trīsritenis

meškiukas

plīša lācītis

drabužių spinta

drēbju skapis

drabužis

apģērbs

kojinės

īszeķes

kojinės virš kelių

zeķes

pėdkelnės

zeķbikses

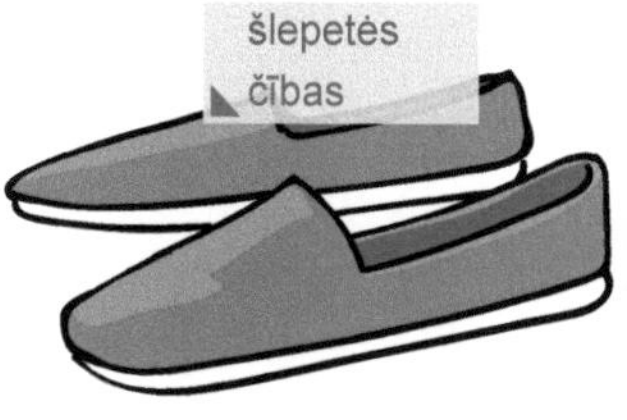

šalikas
šalle

skėtis
lietussargs

diržas
siksna

marškinėliai
T-krekls

ilgaauliai batai
zābaks

šlepetės
čības

sportbačiai
botas

sandalai
....
sandales

batai
....
kurpes

guminiai batai
....
gumijas zābaki

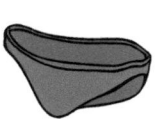

trumpikės
....
apakšbikses

liemenėlė
....
krūšturis

liemenė
....
apakškrekls

glaustinukė
....
bodijs

kelnės
....
bikses

džinsai

džinsi

sijonas
....
svārki

palaidinė
....
blūze

marškiniai
....
krekls

megztinis
....
pulovers

megztinis su gobtuvu
....
džemperis

švarkelis
....
žakete

švarkas
....
jaka

paltas
....
mētelis

lietpaltis
....
lietus mētelis

kostiumas
....
kostīms

suknelė
....
kleita

vestuvinė suknelė
....
kāzu kleita

kostiumas

uzvalks

naktiniai marškiniai

naktskrekls

pižama

pidžama

saris

sari

skarelė

lakats

tiurbanas

turbāns

burka

burka

kaftanas

kaftāns

abaja

abaja

maudymosi kostiumėlis

peldkostīms

glaudės

peldbikses

šortai

šorti

sportinis kostiumas

treniņtērps

prijuostė

priekšauts

pirštinės

cimdi

saga

poga

akiniai

brilles

apyrankė

rokassprādze

vėrinys

kaklarota

žiedas

gredzens

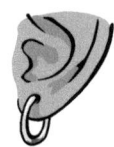

auskaras

auskars

kepurė

cepure

pakabas

drēbju pakaramais

skrybėlė

platmale

kaklaraištis

kaklasaite

užtrauktukas

rāvējslēdzējs

šalmas

ķivere

breketai

bikšturi

mokyklinė uniforma

skolas forma

uniforma

uniforma

seilinukas
priekšautiņš

žindukas
māneklis

vystyklai
autiņbiksītes

biuras
birojs

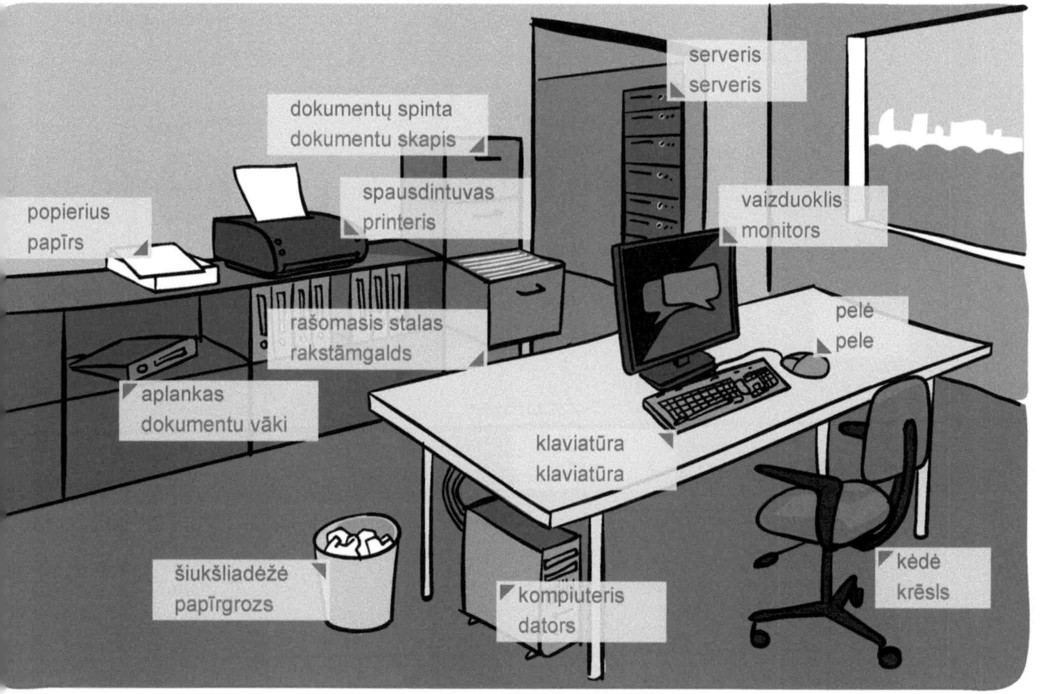

serveris
serveris

dokumentų spinta
dokumentu skapis

spausdintuvas
printeris

vaizduoklis
monitors

popierius
papīrs

rašomasis stalas
rakstāmgalds

pelė
pele

aplankas
dokumentu vāki

klaviatūra
klaviatūra

šiukšliadėžė
papīrgrozs

kompiuteris
dators

kėdė
krēsls

kavos puodelis
kafijas krūze

kalkuliatorius
kalkulators

internetas
internets

nešiojamasis kompiuteris

portatīvais dators

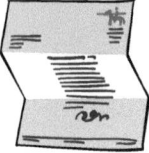

laiškas

vēstule

žinutė

ziņa

mobilusis telefonas

mobilais tālrunis

tinklas

tīkls

fotokopijavimo aparatas

kopētājs

programinė įranga

programmatūra

telefonas

telefons

kištukinis lizdas

rozete

faksas

faksa aparāts

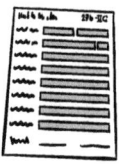

forma

formulārs

dokumentas

dokuments

pirkti

pirkt

mokėti

samaksāt

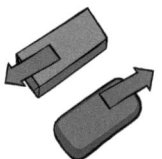

prekiauti

tirgot

pinigai

nauda

 USD

doleris

dolārs

 EUR

euras

eiro

 JPY

jena

jēna

 RUB

rublis

rublis

 CHF

Šveicarijos frankas

franks

 CNY

juanis

juaņa renminbi

 INR

rupija

rūpija

bankomatas

bankomāts

valiutos keitykla

valūtas maiņas punkts

auksas

zelts

sidabras

sudrabs

nafta

nafta

energija

enerģija

kaina

cena

sutartis

līgums

mokestis

nodoklis

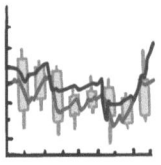

akcijos

akcija

dirbti

strādāt

darbuotojas

darbinieks

darbdavys

darba devējs

gamykla

fabrika

parduotuvė

veikals

profesijos
profesijas

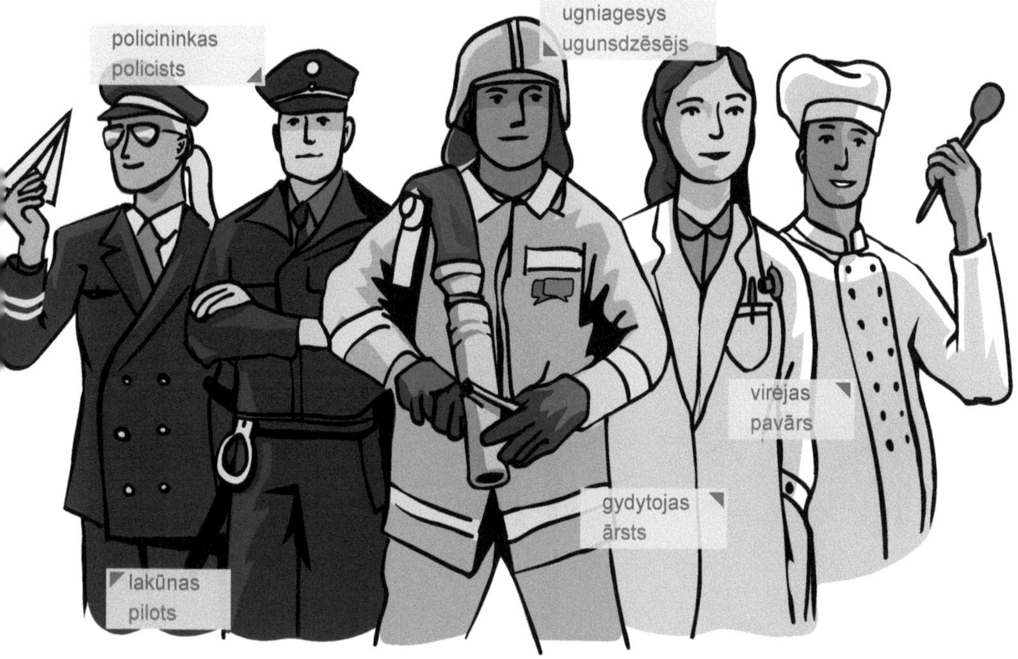

policininkas
policists
ugniagesys
ugunsdzēsējs
virėjas
pavārs
gydytojas
ārsts
lakūnas
pilots

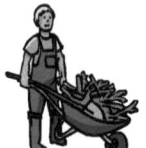

sodininkas
dārznieks

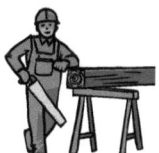

stalius
galdnieks

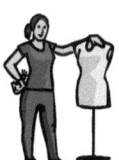

siuvėja
šuvēja

teisėjas
tiesnesis

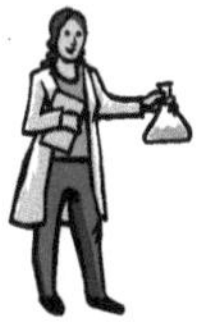

chemikas
ķīmiķis

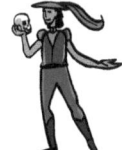

aktorius
aktieris

autobuso vairuotojas
autobusa vadītājs

taksi vairuotojas
taksometra vadītājs

žvejys
zvejnieks

valytoja
apkopēja

stogdengys
jumiķis

padavėjas
viesmīlis

medžiotojas
mednieks

dailininkas
gleznotājs

kepėjas
maiznieks

elektrikas
elektriķis

statybininkas
celtnieks

inžinierius
inženieris

mėsininkas
miesnieks

santechnikas
skārdnieks

paštininkas
pastnieks

kareivis

karavīrs

architektas

arhitekts

kasininkas

kasieris

gėlininkas

florists

kirpėjas

frizieris

konduktorius

konduktors

mechanikas

mehāniķis

kapitonas

kapteinis

odontologas

zobārsts

mokslininkas

zinātnieks

rabinas

rabīns

imamas

imāms

vienuolis

mūks

kunigas

mācītājs

įrankiai
instrumenti

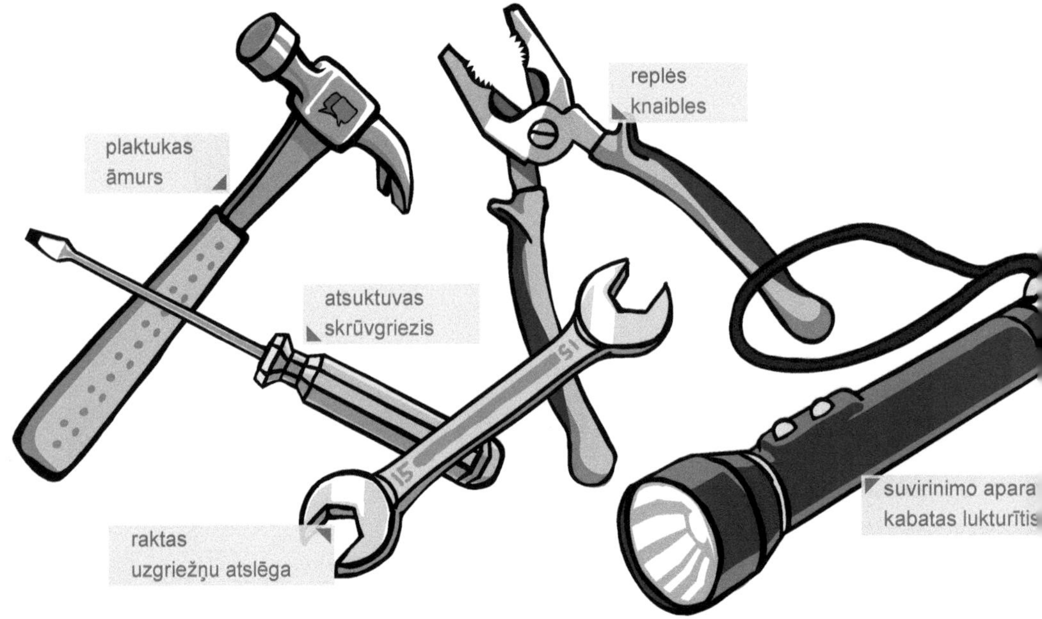

plaktukas
āmurs
replės
knaibles
atsuktuvas
skrūvgriezis
raktas
uzgriežņu atslēga
suvirinimo apara
kabatas lukturītis

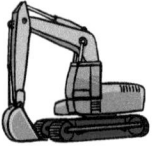

ekskavatorius

ekskavators

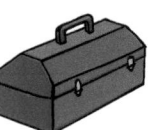

įrankių dėžė

instrumentu kaste

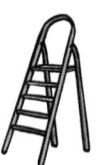

kopėčios

kāpnes

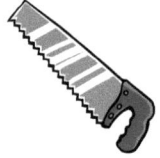

pjūklas

zāģis

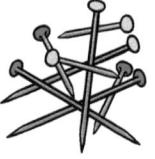

vinys

naglas

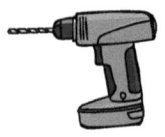

grąžtas

urbis

taisyti
remontēt

kastuvas
lāpsta

Velniava!
Velns!

semtuvėlis
liekšķere

dažų skardinė
krāsas bundža

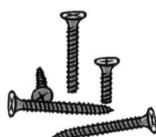

varžtai
skrūves

muzikos instrumentai
mūzikas instrumenti

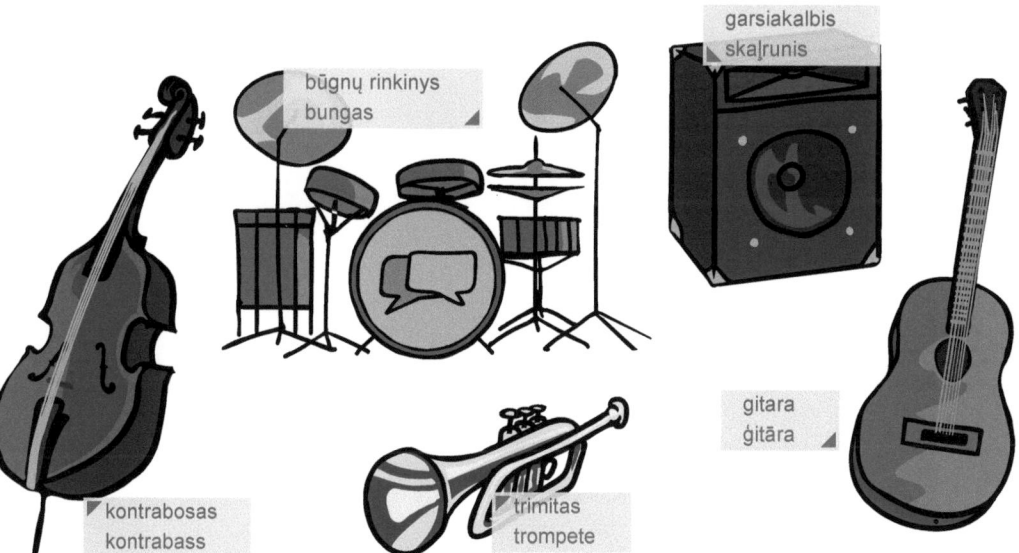

garsiakalbis
skaļrunis

būgnų rinkinys
bungas

gitara
ģitāra

kontrabosas
kontrabass

trimitas
trompete

pianinas

klavieres

smuikas

vijole

bosinė gitara

bass

timpanas

timpāni

būgnai

bungas

sintezatorius

digitālās klavieres

saksofonas

saksofons

fleita

flauta

mikrofonas

mikrofons

zoologijos sodas
zoloģiskais dārzs

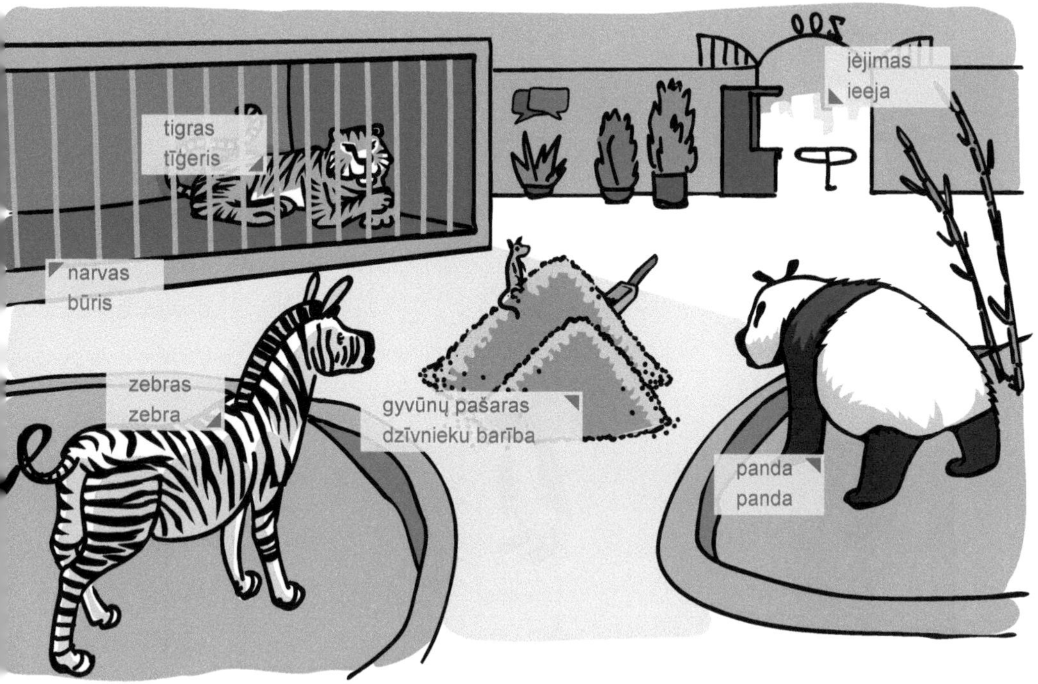

įėjimas
ieeja
tigras
tīģeris
narvas
būris
zebras
zebra
gyvūnų pašaras
dzīvnieku barība
panda
panda

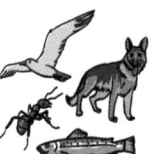

gyvūnai
dzīvnieki

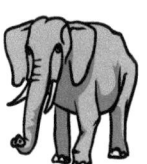

dramblys
zilonis

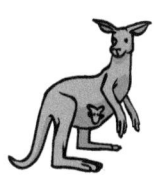

kengūra
ķengurs

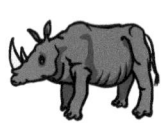

raganosis
degunradzis

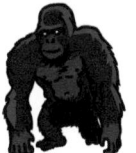

gorila
gorilla

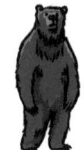

meška
lācis

kupranugaris

kamielis

strutis

strauss

liūtas

lauva

beždžionė

pērtiķis

flamingas

flamings

papūga

papagailis

baltoji meška

polārlācis

pingvinas

pingvīns

ryklys

haizivs

povas

pāvs

gyvatė

čūska

krokodilas

krokodils

zoologijos sodo prižiūrėtojas

zoodārza sargs

ruonis

ronis

jaguaras

jaguārs

ponis
ponijs

leopardas
leopards

begemotas
nīlzirgs

žirafa
žirafe

erelis
ērglis

šernas
meža cūka

žuvis
zivs

vėžlys
bruņurupucis

vėplys
valzirgs

lapė
lapsa

gazelė
gazele

amerikietiškas futbolas
amerikāņu futbols

dviračių sportas
riteņbraukšana

tenisas
teniss

krepšinis
basketbols

plaukimas
peldēšana

boksas
bokss

ledo ritulys
hokejs

futbolas
futbols

badmintonas
badmintons

atletika
vieglatlētika

rankinis
rokas bumba

slidinėjimas
slēpošana

polas
polo

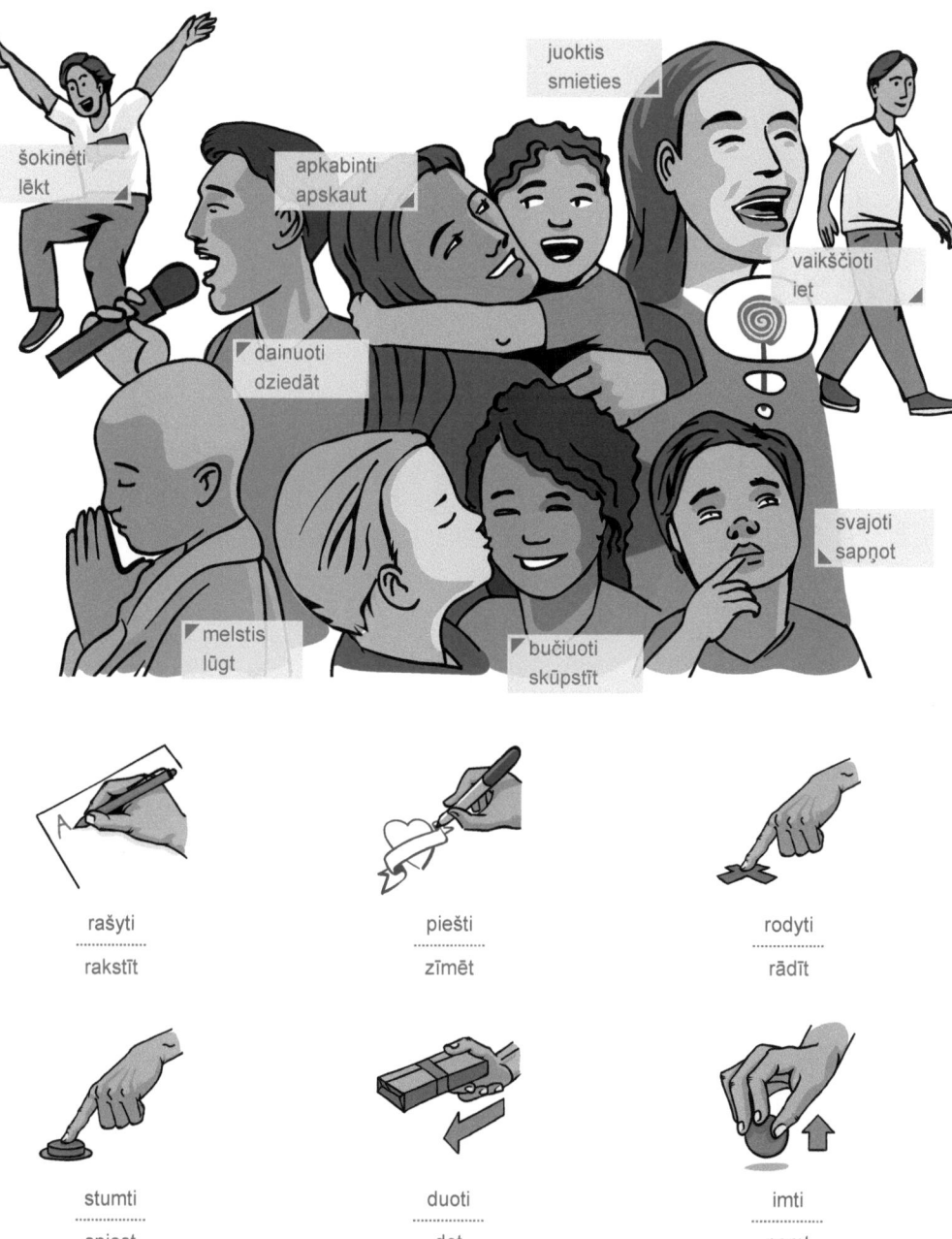

šokinėti
lēkt

juoktis
smieties

apkabinti
apskaut

vaikščioti
iet

dainuoti
dziedāt

svajoti
sapņot

melstis
lūgt

bučiuoti
skūpstīt

rašyti
rakstīt

piešti
zīmēt

rodyti
rādīt

stumti
spiest

duoti
dot

imti
ņemt

turėti
būt

daryti
darīt

būti
būt

stovėti
stāvēt

bėgti
skriet

traukti
vilkt

mesti
mest

kristi
krist

meluoti
gulēt

laukti
gaidīt

nešti
nest

sėdėti
sēdēt

rengtis
uzģērbt

miegoti
gulēt

pabusti
pamosties

žiūrėti

skatīties

verkti

raudāt

glostyti

glāstīt

šukuoti

ķemmēt

kalbėti

runāt

suprasti

saprast

paklausti

jautāt

klausytis

dzirdēt

gerti

dzert

valgyti

ēst

tvarkytis

sakārtot

mylėti

mīlēt

gaminti

vārīt

vairuoti

braukt

skristi

lidot

buriuoti

burot

skaičiuoti

rēķināt

skaityti

lasīt

mokytis

mācīties

dirbti

strādāt

vesti

precēties

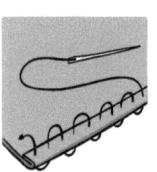

siūti

šūt

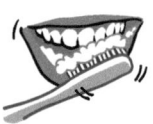

valytis dantis

tīrīt zobus

žudyti

nogalināt

rūkyti

smēķēt

siųsti

sūtīt

senelė
vecāmāte

senelis
vectēvs

tēvas
tēvs

motina
māte

kūdikis
mazulis

dukra
meita

sūnus
dēls

svečias
....
viesis

teta
....
tante

dėdė
....
onkulis

brolis
....
brālis

sesuo
....
māsa

kūnas
ķermenis

kakta
piere
akis
acs
petys
plecs
pirštas
pirksts
veidas
seja
smakras
zods
plaštaka
roka
krūtinė
krūtis
koja
kāja
ranka
roka

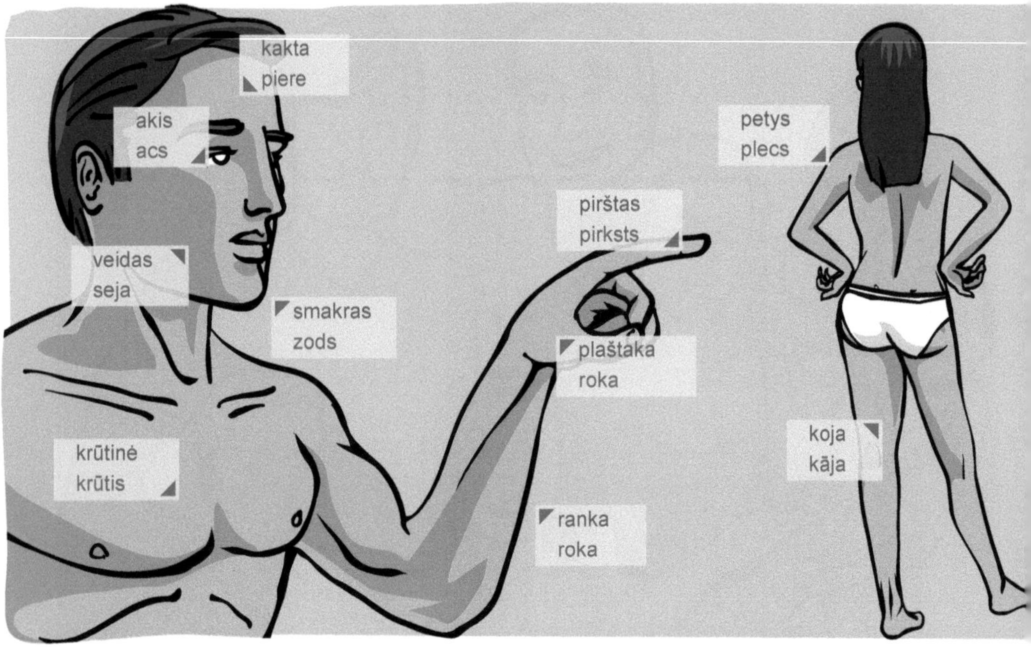

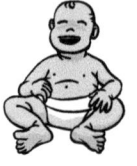

kūdikis

mazulis

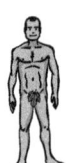

vyras

vīrietis

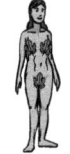

moteris

sieviete

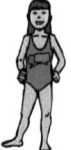

mergaitė

meitene

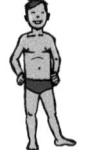

berniukas

zēns

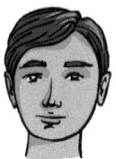

galva

galva

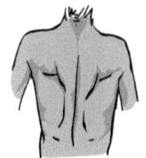

nugara

mugura

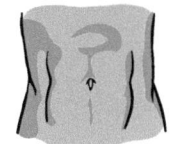

pilvas

vēders

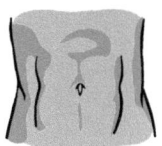

bamba

naba

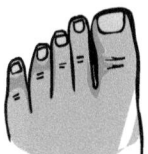

kojos pirštas

kājas pirksts

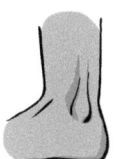

kulnas

papēdis

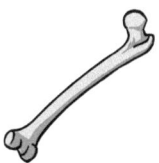

kaulas

kauls

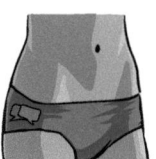

klubas

gurns

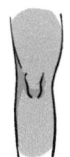

kelis

celis

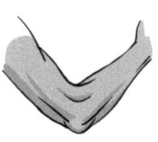

alkūnė

elkonis

nosis

deguns

sėdmenys

dibens

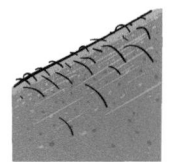

oda

āda

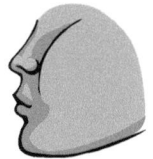

skruostas

vaigs

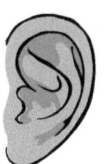

ausis

auss

lūpa

lūpa

kūnas - ķermenis

burna

mute

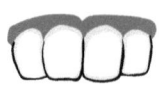

dantis

zobs

liežuvis

mēle

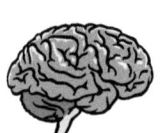

smegenys

smadzenes

širdis

sirds

raumuo

muskulis

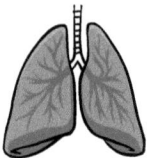

plaučiai

plaušas

kepenys

aknas

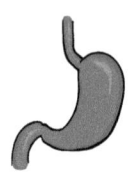

skrandis

kuņģis

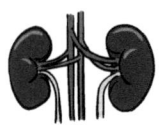

inkstai

nieres

seksas

dzimumakts

prezervatyvas

kondoms

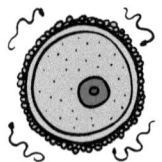

kiaušialąstė

olšūna

sperma

sperma

nėštumas

grūtniecība

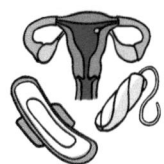

menstruacijos

menstruācijas

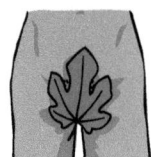

makštis

vagīna

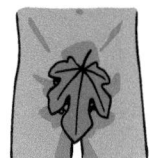

varpa

penis

antakis

uzacs

plaukai

mati

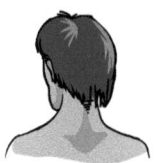

kaklas

kakls

ligoninė
slimnīca

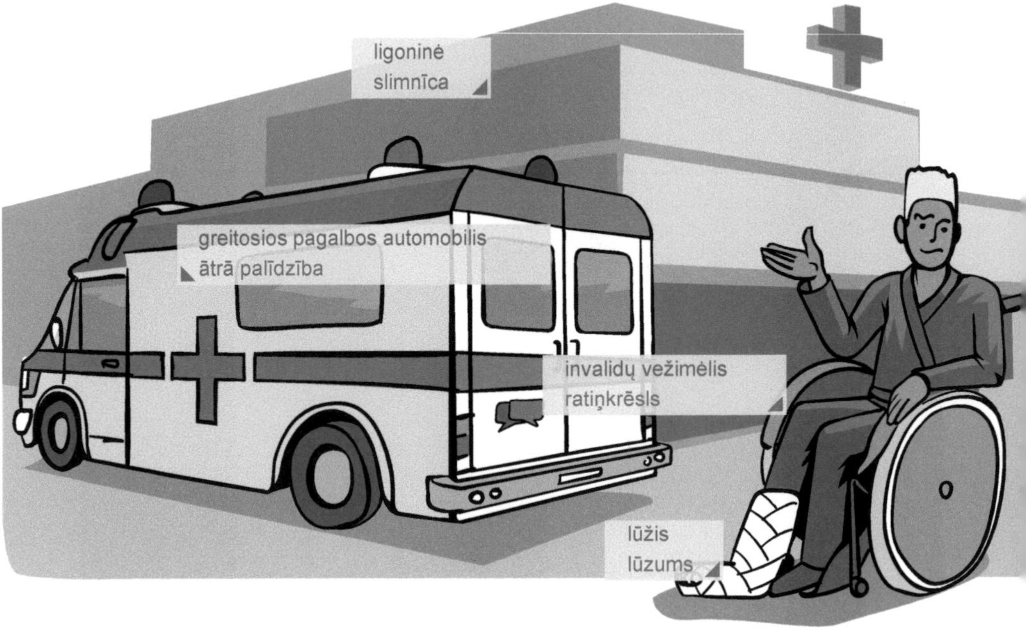

ligoninė
slimnīca
greitosios pagalbos automobilis
ātrā palīdzība
invalidų vežimėlis
ratiņkrēsls
lūžis
lūzums

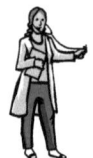

gydytojas

ārsts

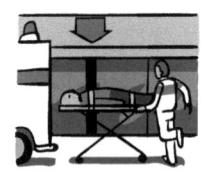

skubios pagalbos skyrius

neatliekamās palīdzības nodaļa

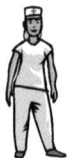

slaugytoja

medmāsa

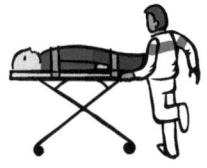

nelaimingas atsitikimas

ārkārtas gadījums

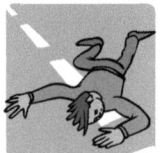

be sąmonės

paģībis

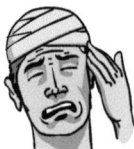

skausmas

sāpes

sužalojimas

ievainojums

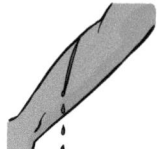

kraujavimas

asiņošana

širdies smūgis

sirdslēkme

insultas

insults

alergija

alerģija

kosulys

klepus

karščiavimas

temperatūra

gripas

gripa

viduriavimas

caureja

galvos skausmas

galvassāpes

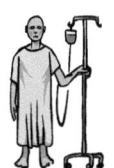

vėžys

vēzis

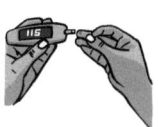

diabetas

diabēts

chirurgas

ķirurgs

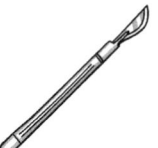

skalpelis

skalpelis

operacija

operācija

KT

datortomogrāfija

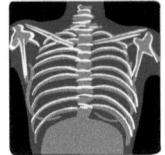

rentgenas

rentgents

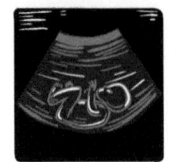

ultragarsas

ultraskaņa

veido kaukė

sejas maska

liga

slimība

laukiamasis

uzgaidāmā telpa

ramentas

kruķis

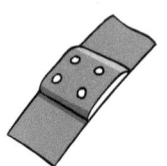

gipsas

plāksteris

tvarstis

apsējs

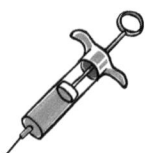

injekcija

injekcija

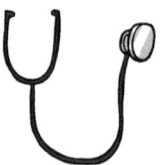

stetoskopas

stetoskops

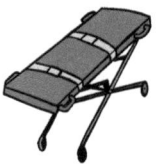

neštuvai

nestuves

termometras

termometrs

gimimas

dzemdības

antsvoris

liekais svars

klausos aparatas

dzirdes aparāts

dezinfekavimo priemonė

dezinfekcijas līdzeklis

infekcija

infekcija

virusas

vīruss

ŽIV / AIDS

HIV / AIDS

vaistas

zāles

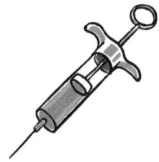

skiepijimas

pote

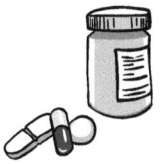

tabletės

tabletes

piliulė

pretapauglošanās tablete

skubios pagalbos numeris

ārkārtas izsaukums

kraujospūdžio matuoklis

asinsspiediena mērītājs

ligotas / sveikas

slims / vesels

Padėkite!

Palīgā!

pavojaus signalas

trauksme

užpuolimas

uzbrukums

ataka

uzbrukums

pavojus

bīstamība

avarinis išėjimas

avārijas izeja

Gaisras!

Uguns!

gesintuvas

ugunsdzēšamais aparāts

nelaimingas atsitikimas

negadījums

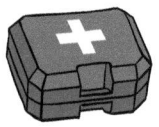

pirmosios pagalbos rinkinys

pirmās palīdzības aptieciņa

SOS

SOS

policija

policija

Europa

Eiropa

Šiaurės Amerika

Ziemeļamerika

Pietų Amerika

Dienvidamerika

Afrika

Āfrika

Azija

Āzija

Australija

Austrālija

Atlanto vandenynas

Atlantijas okeāns

Ramusis vandenynas

Klusais okeāns

Indijos vandenynas

Indijas okeāns

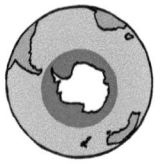

Pietų vandenynas

Dienvidu okeāns

Arkties vandenynas

Ziemeļu ledus okeāns

Šiaurės ašigalis

Ziemeļpols

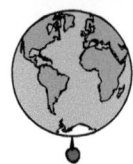

Pietų ašigalis

Dienvidpols

Antarktida

Antarktika

Žemė

zeme

sausuma

zeme

jūra

jūra

sala

sala

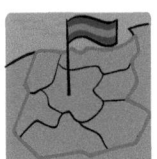

tauta

nācija

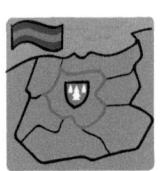

valstybė

valsts

ciferblatas

ciparnīca

valandinė rodyklė

stundu rādītājs

minutinė rodyklė

minūšu rādītājs

sekundinė rodyklė

sekunžu rādītājs

Kiek valandų?

Cik ir pulkstenis?

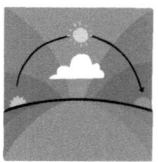

diena

diena

laikas

laiks

dabar

tagad

skaitmeninis laikrodis

digitālais pulkstenis

minutė

minūte

valanda

stunda

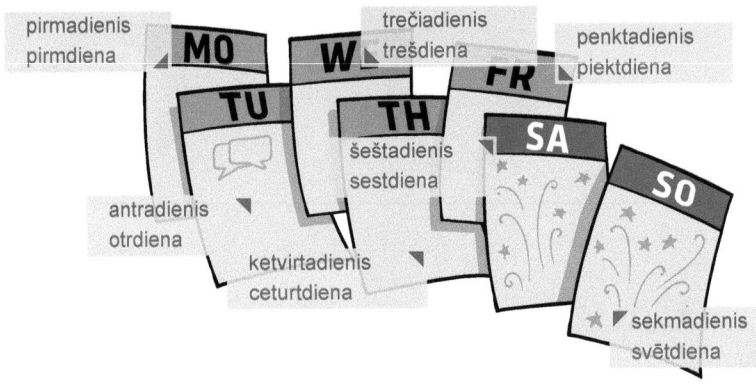

pirmadienis
pirmdiena

trečiadienis
trešdiena

penktadienis
piektdiena

antradienis
otrdiena

šeštadienis
sestdiena

ketvirtadienis
ceturtdiena

sekmadienis
svētdiena

vakar
vakardien

šiandien
šodien

rytoj
rītdien

rytas
rīts

vidurdienis
pusdienlaiks

vakaras
vakars

MO	TU	WE	TH	FR	SA	SU
1	2	3	4	5	6	7
8	9	10	11	12	13	14
15	16	17	18	19	20	21
22	23	24	25	26	27	28
29	30	31	1	2	3	4

darbo dienos
darbadienas

MO	TU	WE	TH	FR	SA	SU
1	2	3	4	5	6	7
8	9	10	11	12	13	14
15	16	17	18	19	20	21
22	23	24	25	26	27	28
29	30	31	1	2	3	4

savaitgalis
brīvdienas

metai

gads

lietus
lietus
vaivorykštė
varavīksne
vėjas
vējš
sniegas
sniegs
pavasaris
pavasaris
vasara
vasara
ruduo
rudens
žiema
ziema

4.APRIL 11°
5.APRIL 4°
6.APRIL 13°
7.APRIL 8°
8.APRIL 10°

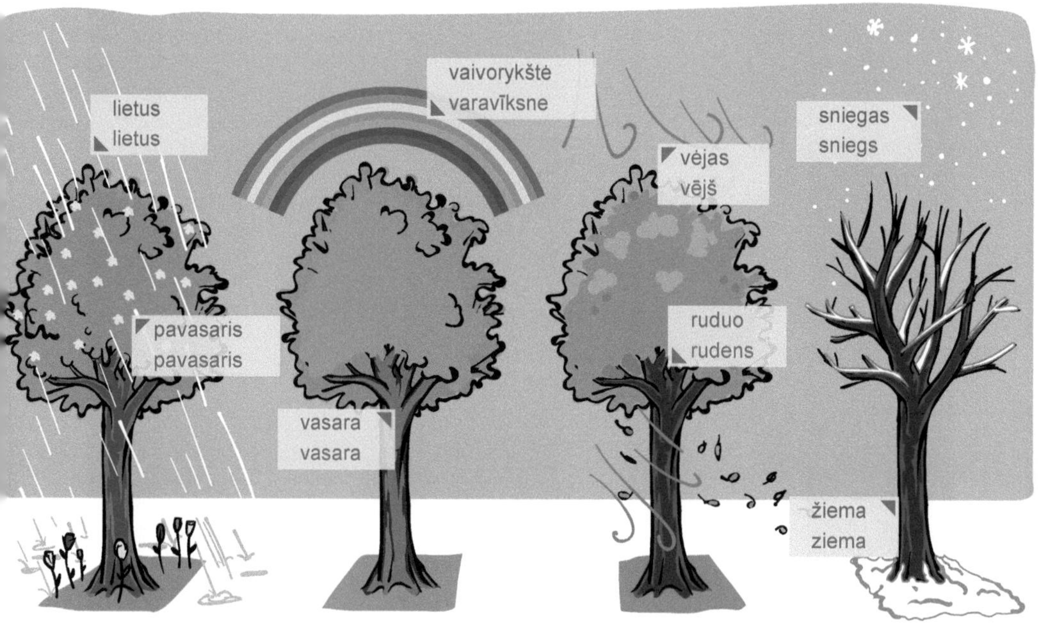

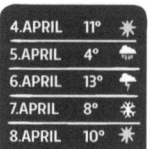

orų prognozė

laika prognoze

F C

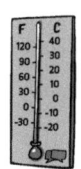

lauko termometras

termometrs

saulės šviesa

saules gaisma

debesis

mākonis

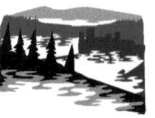

rūkas

migla

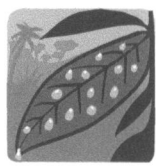

drėgmė

gaisa mitrums

žaibas

zibens

griaustinis

pērkons

audra

vētra

kruša

krusa

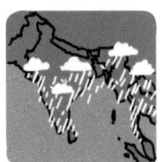

musonas

musons

potvynis

plūdi

ledas

ledus

sausis

janvāris

vasaris

februāris

kovas

marts

balandis

aprīlis

gegužė

maijs

birželis

jūnijs

liepa

jūlijs

rugpjūtis

augusts

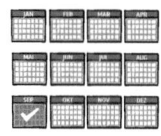

rugsėjis
septembris

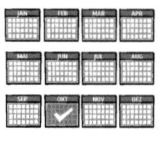

spalis
oktobris

lapkritis
novembris

gruodis
decembris

formos
formas

apskritimas
aplis

kvadratas
kvadrāts

stačiakampis
četrstūris

trikampis
trīsstūris

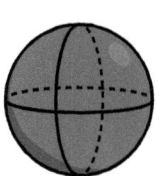

sfera
lode

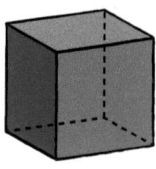

kubas
kubs

balta

balts

geltona

dzeltens

oranžinė

oranžs

rožinė

sārts

raudona

sarkans

violetinė

lillā

mėlyna

zils

žalia

zaļš

ruda

brūns

pilka

pelēks

juoda

melns

daug / mažai

daudz / maz

piktas / ramus

saniknots / miermīlīgs

gražus / bjaurus

skaists / neglīts

pradžia / pabaiga

sākums / beigas

didelis / mažas

liels / mazs

šviesus / tamsus

gaišs / tumšs

brolis / sesuo

brālis / māsa

švarus / purvinas

tīrs / netīrs

užbaigtas / neužbaigtas

pilnīgs / nepilnīgs

diena / naktis

diena / nakts

miręs / gyvas

miris / dzīvs

platus / siauras

plats / šaurs

valgomas / nevalgomas

baudāms / nebaudāms

piktas / malonus

nikns / laipns

linksmas / nuobodus

satraukts / garlaikots

storas / plonas

resns / tievs

pirmiausia / paskiausia

pirmais /pēdējais

draugas / priešas

draugs / ienaidnieks

pilnas / tuščias

pilns / tukšs

kietas / minkštas

ciets / mīksts

sunkus / lengvas

smags / viegls

alkis / troškulys

izsalkums / slāpes

ligotas / sveikas

slims / vesels

nelegalus / legalus

nelegāls / legāls

protingas / kvailas

inteliģents / dumjš

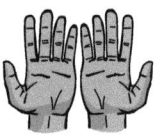

kairė / dešinė

kreisais / labais

arti / toli

tuvu / tālu

naujas / naudotas

jauns / lietots

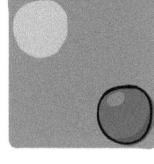

niekas / kažkas

nekas / kaut kas

senas / jaunas

vecs / jauns

jjungta / išjungta

ieslēgts / izslēgts

atidaryta / uždaryta

atvērts / slēgts

tylus / garsus

kluss / skaļš

turtingas / vargšas

bagāts / nabags

teisus / neteisus

pareizi / nepareizi

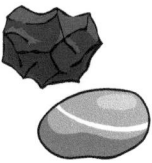

šiurkštus / švelnus

raupjš / gluds

liūdnas / laimingas

noskumis / laimīgs

trumpas / ilgas

īss / garš

lėtas / greitas

lēns / ātrs

drėgnas / sausas

slapjš / sauss

šiltas / šaltas

silts / vēss

karas / taika

karš / miers

0

nulis

nulle

1

vienas

viens

2

du

divi

3

trys

trīs

4

keturi

četri

5

penki

pieci

6

šeši

seši

7

septyni

septiņi

8

aštuoni

astoņi

9

devyni

deviņi

10

dešimt

desmit

11

vienuolika

vienpadsmit

12

dvylika

divpadsmit

13

trylika

trīspadsmit

14

keturiolika

četrpadsmit

15

penkiolika

piecpadsmit

16

šešiolika

sešpadsmit

17

septyniolika

septiņpadsmit

18

aštuoniolika

astoņpadsmit

19

devyniolika

deviņpadsmit

20

dvidešimt

divdesmit

100

šimtas

simts

1.000

tūkstantis

tūkstotis

1.000.000

milijonas

miljons

anglų

anglu

amerikiečių anglų

amerikāņu angļu

kinų (mandarinų)

ķīniešu mandarīnu valoda

hindi

hindi

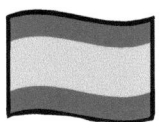

ispanų

spāņu

prancūzų

franču

arabų

arābu

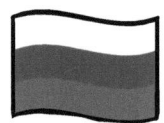

rusų

krievu

portugalų

portugāļu

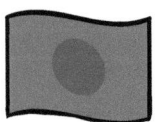

bengalų

bengāļu

vokiečių

vācu

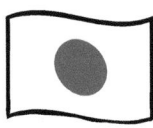

japonų

japāņu

aš
......
es

tu
......
tu

jis / ji
......
viņš / viņa

mes
......
mēs

jūs
......
jūs

jie
......
viņi / viņas

kas?
......
kas?

ką?
......
ko?

kaip?
......
kā?

kur?
......
kur?

kada?
......
kad?

vardas
......
vārds

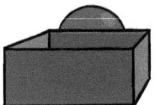

už
....
aiz

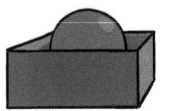

kur (vieta)
....
iekšā

priešais
....
priekšā

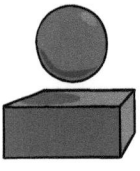

virš
....
virs

ant
....
uz

po
....
zem

prie
....
blakus

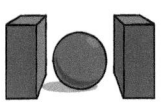

tarp
....
starp

vieta
....
vieta